LA VÉRITÉ

SUR LA

CRÉATION D'UNE GARE MARITIME

A BAYONNE

PAR

J. PORTES, NÉGOCIANT.

BAYONNE

IMPRIMERIE P. CAZALS, RUE BOUFFLERS.

1872

LA VÉRITÉ

SUR

LA CRÉATION D'UNE GARE MARITIME

à BAYONNE

———

Par des raisons que nous n'avons pas à rechercher, un silence absolu s'est toujours fait autour des divers projets étudiés, repoussés ou admis par les corps constitués et les hommes spéciaux appelés à donner leur avis sur ce que l'on a improprement appelé *l'agrandissement de la gare des marchandises de Bayonne*. Il en est résulté, pour tout le monde, la plus étrange des confusions, du sein de laquelle la vérité est sortie travestie, défigurée, méconnaissable.

De là cette divergence dans les idées, dans les opinions, ce manque d'ensemble et d'efforts combinés pour enlever une décision souveraine, si vivement demandée, si fatalement ajournée.

C'est ainsi que la Compagnie du Midi a pu jouir, pendant vingt ans , d'un provisoire aussi déplorable que funeste aux intérêts commerciaux de notre cité.

Une chose vraiment inouïe dans notre malheureux pays, c'est cet esprit de routine, de petits moyens, de cachoteries et surtout de dédain à initier le public aux questions qui l'intéressent le plus ! Mettre la lumière sous le boisseau, faire le silence et l'obscurité autour de soi, s'irriter à la seule pensée de saisir la presse de sujets qui intéressent tout le monde, se draper fièrement dans une omnipotence administrative qui n'implique ni une grande hauteur de vues, ni une juste déférence pour l'opinion publique, voilà ce que nous voyons tous les jours, voilà ce que nous verrons encore tant que le législateur ne forcera pas, par une bonne loi, tous les corps constitués à donner à leurs travaux la plus grande publicité.

Pénétré de cette vérité élémentaire, mais si peu mise en pratique, je me suis livré à un travail de compilation sur des documents et des écrits officiels, travail que je soumets à l'appréciation de mes concitoyens.

Pour mieux faire comprendre une question si controversée et assigner à chacun le rôle qui lui incombe, je crois devoir remonter à une époque, où, par un concours de circonstances fâcheuses, on s'arrêta à cette malencontreuse idée de choisir pour tête de trois grandes lignes ferrées, ce boyau qui serpente dans la gare actuelle.

En 1853, le Conseil municipal de Bayonne avait demandé :

1° Que toute décision fut ajournée au sujet de la gare du chemin de fer de Bordeaux jusqu'à ce que l'établissement du chemin de fer de Toulouse et de Madrid fut définitivement arrêté;

2° Que des études spéciales fussent entreprises pour désigner le point de la *rive gauche* où les trois gares (gare terminale) pourraient se réunir le plus convenablement;

3° Enfin, d'autoriser en attendant, et ce fut un malheur, la Compagnie du Midi à exploiter la ligne de Bordeaux à Bayonne, avec un établissement *provisoire* aux abords de Saint-Esprit et de l'Adour.

Par cette concession le Conseil municipal commettait une imprudence, car, avec les grandes puissances financières et administratives, on sait d'avance que le *provisoire* devient promptement *définitif.* Ce premier pas fait dans une voie dangereuse, la Chambre de commerce, que l'on accuse à tort d'une grande raideur contre l'administration du midi, s'y lança à toutes voiles et se montra d'une humeur fort débonnaire.

Saisie de la délibération du Conseil municipal et du plan parcellaire de la Compagnie, elle fût invitée à délibérer par M. le sous-préfet et décida :

1° Que l'emplacement choisi par la Compagnie sur *la rive droite de l'Adour*, était bien celui qui *convenait le mieux sous tous les rapports* pour l'établissement de la gare de Bayonne ; mais elle estimait, en même temps, que les besoins des services du chemin de fer exigeaient impérieusement l'annexion aux emplacements désignés, d'un chantier, de maisons et le déblayement complet de tous les terrains qu'occupent l'église, l'enclos qui la précède et les maisons qui y sont adossées du côté de la place.

2° La Chambre de commerce estimait encore (ici, hélas ! elle estime beaucoup trop !) que le chemin de fer s'arrètant à *la rive droite de l'Adour*, il y avait lieu d'adopter le plan projeté pour la *station terminale* à établir à Saint-Esprit, en y ajoutant les emplacements qu'elle signalait et qu'elle signalera encore *dix-neuf ans* plus tard.

Ce fut là une funeste détermination qui devait tôt ou tard frapper au cœur le commerce Bayonnais. Du reste, et comme surprise elle-même d'avoir été aussi loin dans les eaux de la Compagnie, la Chambre de commerce clôtura sa délibération en se donnant la fiche de consolation suivante :

« Cependant, la Chambre croit devoir déclarer que si la question était entière et permettait d'opter entre les deux rives de l'Adour, elle n'hésiterait pas à préférer la rive gauche qui, le long des allées Marines, offre une plaine d'une vaste étendue, réunissant aux avantages que présente le plan projeté, ceux d'une plus grande proximité des centres populeux, administratifs et commerciaux. »

Ce tracé, auquel il est fait allusion, si rationel, si conforme à nos véritables intérêts que devaient développer puissamment trois grandes lignes ferrées, avait été choisi en effet par M. l'ingénieur Lebens dans ses remarquables études de 1845. Aussi est-on tristement surpris en voyant les représentants naturels du commerce l'abandonner et se borner à des vœux stériles ou à des regrets superflus.

Cependant, là était l'avenir de notre cité, là, et seulement là, pouvaient se développer facilement les gares communes des grandes lignes de Bayonne, de Toulouse et de Madrid.

Cette vaste plaine, admirablement disposée, offrait toutes les ressources désirables. Elle pouvait contenir à l'aise le dépôt des machines, les ateliers de réparations, les wagons de réserve, de spacieux hangars, de grands magasins de dépôt, la gare internationale, celle des voyageurs et des marchandises de toute nature, en un mot tout ce qui devait sérieusement contribuer au développement de la richesse locale et assurer du travail à nos ouvriers.

Condamnée à se mouvoir dans un périmètre exigu, qui secondait peut-être ses vues secrètes d'économie, la Compagnie s'installa d'une façon pitoyable, éparpilla ses bâtiments et son trafic, et fit disparaître, pour nous, ces éléments de bien-être que nous ne sûmes pas retenir.

L'année 1853 nous offrit encore le pénible spectacle d'un dissentiment profond entre la municipalité et la Chambre de commerce, dissentiment qui éclata publiquement dans une polémique passionnée, et dont la Compagnie seule profita pour s'endormir, pendant huit ans, dans un provisoire qui ne lui déplaisait point.

En 1861, plusieurs projets surgirent pour établir une gare commune pour les voies ferrées de Bordeaux, de Toulouse et *même* des Aldudes. Bref, une commission d'examen fut nommée. M. Daguenet, ingénieur, en fit partie. Il demanda à être entendu par la Chambre de commerce, et voici comment il s'exprima dans la séance du 20 février 1861 :

« L'idée d'une gare commune qui pourrait être construite sur le glacis, pour suffire à un mouvement quatruple de celui qui a lieu aujourd'hui, me paraît inadmissible : d'abord parce qu'elle serait hors de la portée des navires ; ensuite parce que l'élévation du terrain devant faire donner vingt mètres de pente à la petite voie de communication qui relierait le port à la gare, la force motrice devrait être plus grande, et que les exigences du génie militaire seraient telles qu'il faudrait accepter des dépenses énormes pour l'exécuter. »

Par ces motifs, et bien d'autres que cet ingénieur développe, le glacis doit être mis de côté.

En résumé, M. Daguenet ne voit l'établissement de la gare commune possible qu'à Saint-Esprit :

« Mais l'espace, déjà à peine suffisant pour le service des trains de Bordeaux, a besoin d'être considérablement agrandi dans la prévision de l'arrivée de ceux de Toulouse, d'Espagne et des aldudes. S'étendre sur les terrains occupés par la ville à côté de la gare, ou s'étendre en avant vers la campagne, c'est également s'éloigner des bords de l'Adour, c'est ne plus remplir les conditions voulues pour *une gare maritime*. Le seul moyen d'obvier à *tous les inconvénients* serait d'obtenir du gouvernement la *cession de l'arsenal*. »

Tel est l'avis de la majorité de la commission (Qu'avez-vous dit là M. Daguenet!) L'état actuel de la voie, ajoute l'ingénieur, offrant maintenant des dangers, puisque, dès son entrée en gare, le train suit une courbe assez forte pour masquer les wagons au chef de service, et que ce danger, qu'il faut faire disparaître, sera bien autrement grand lorsque les quatre chemins seront réunis ; la libre disposition *seule* des terrains de l'arsenal *satisfera tous les besoins*. M. Daguenet désire vivement que la Chambre de commerce, en adoptant l'avis de la commission, agisse *dans le même sens auprès de l'autori é supérieure*. Voilà qui est net, clair et précis. Mais, pour convaincre la Chambre de commerce et l'empêcher de marcher seule, tous les ingénieurs de France réunis n'y parviendraient point et y perdraient leur latin. Voyez plutôt avec quelle subtibilité de langage elle vous oppose une fin de non-recevoir sous le voile transparent d'un atermoiement :

« La Chambre est unanimement d'opinion que la gare doit être établie à Saint-Esprit précisément par les motifs qui se sont produits au sein de la Commission ; mais elle se rappelle qu'elle a toujours repoussé la cession de l'arsenal pour y ramener les constructions maritimes de l'État.

« Sans doute, ajoute-t-elle, les circonstances sont bien changées et pourraient lui faire admettre aujourd'hui ce qu'elle repoussait il y a quelques années, mais elles ne lui paraissent pas assez impérieuses pour lui faire un devoir d'abonder entièrement dans les vues de la Commission sur ce point. La Chambre croit, du reste, que les terrains en avant de la gare jusqu'à la porte de l'arsenal et qui s'étendent jusqu'au fleuve, y compris les chantiers Burguburu, suffiraient *pendant longtemps à un service beaucoup plus actif que celui qui existe.*

(Tous les hommes compétents sont il est vrai d'un avis diamétralement opposé, mais cela importe peu à la Chambre de commerce qui veut garder *per fas et nefas* son précieux arsenal.) Ébranlée un instant par la logique de M. Daguenet, qui démontre péremptoirement où est la vérité, la Chambre ajoute :

« Que plus tard, si l'espace était reconnu insuffisant, il y aurait lieu de faire une demande ayant pour objet *la cession de l'arsenal*, demande qui pourrait bien être écartée aujourd'hui et qui aurait probablement alors *un plein succès,* puisqu'elle serait fondée *sur une nécessité devenue évidente.* »

Pour la première fois depuis 1853, la Chambre de commerce se hasarde à admettre, mais avec des formes dilatoires, la possibilité de la cession de *l'arsenal* TOUT ENTIER ! Cependant elle ne tarde pas à s'effrayer de cette hardiesse, et le 6 décembre de la même année, après une longue discussion sur cette importante question toujours ajournée par son fait, elle décide :

« Que les motifs qu'elle a à faire valoir en faveur de la conservation de l'arsenal sont assez importants pour demander à M. le ministre de ne le céder à la Compagnie que dans le cas où il serait impossible à celle-ci de trouver ailleurs les locaux dont elle a besoin *pour ses gares.* »

Nous croyons devoir faire remarquer qu'il n'a jamais été question de l'agrandissement de la gare des marchandises destinées à la consommation locale, et bien moins de la gare des voyageurs, gares suffisantes de l'avis de tous. Posons donc, une fois pour toutes, nettement la question afin d'éviter tout équivoque : il ne s'agit, en réalité, que de la création *d'une gare maritime.* Ceci établi, il en découle naturellement que cette gare ne peut être et ne doit être élevée que sur les bords du fleuve. Or, tous les ingénieurs, M. Daguenet en tête, ont déjà constaté *l'impossibilité de l'établir ailleurs qu'à l'arsenal,* ce qui n'empêche pas la Chambre de commerce de persister toujours dans son plan de la place Saint-Ursule, plan qu'elle n'a jamais étudié ni fait étudier, mais qui servira de prétexte

à de perpétuelles hésitations et à des tergiversations déplorables.

C'est ainsi que la Chambre vient encore en
aide à la pérennité qui nous frappe, et nous
voilà rentrés dans une période de huit années
de provisoire; car il paraît que dans cette
singulière lutte de nos malheureux intérêts
la somnolence dure huit ans, puisque c'est
en 1869 seulement que la question est reprise
derechef, mais cette fois avec une solennité
qui en assure implicitement le succès.

En vertu du décret du 16 août 1863, les
membres de la Conférence désignés par ce
décret se réunirent pour conférer entre eux
sur le projet présenté par la Compagnie du
Midi. Les bases de ce projet, susceptibles de
satisfaire en même temps aux exigences des
divers services intéressés, furent jetées dans
une réunion préparatoire qui fut tenue à
Bayonne le 29 octobre 1869.

Des négociations longues et laborieuses
aboutirent enfin à un accord sérieux. Le procès-verbal qui en fait foi fut adopté et signé
le 15 janvier 1870 par messieurs :

STŒCKLIN, ingénieur des ponts et chaussées, chargé des services du contrôle et des
travaux maritimes des Basses-Pyrénées;

SAUZAY, commandant du génie à Bayonne;

FOURNIER DE SAINT-AMANT, ingénieur délégué pour représenter la marine par M. le Préfet maritime de Rochefort;

Boura, ingénieur ordinaire (chemins vicinaux);

Furtado, premier conseiller municipal faisant fonctions de maire de la ville de Bayonne;

Harlé, ingénieur en chef de la Compagnie du Midi.

Dès le début, on examina ces deux points :

1° S'il fallait agrandir la gare en faisant une gare maritime;

2° S'il était possible d'affecter à cet agrandissement un autre terrain que celui de la marine.

Ces deux questions primordiales ayant été résolues, la première *affirmativement* et la seconde *négativement*, l'ingénieur de la Compagnie fit un long exposé de la question. Nous en supprimons les détails d'un intérêt secondaire et nous nous bornons à en résumer les points principaux :

M. Harlé, après avoir démontré victorieusement qu'il est matériellement impossible d'établir une gare maritime à portée des navires sans empiéter sur les terrains de l'arsenal, puisque l'agrandissement à l'amont comme à l'aval de la gare actuelle a été reconnu par tous impraticable, présente en conséquence un projet comprenant le plan d'ensemble, les profils et le plan terrier. Dans ce projet, les voies de l'Adour sont raccordées et une gare maritime est crée au niveau des quais de l'Adour; en occupant, non plus la totalité de l'arsenal comme dans le projet de 1863, mais environ le quart seulement.

Cette nouvelle gare comprendra trois halles dont l'une à deux nefs recouvrant deux quais, et les deux autres à une nef correspondant chacune à un quai. Les quais seront construits en maçonnerie. Les halles seront couvertes en ardoises. Elles pourront être en maçonnerie, sauf dans quelques parties qui, *dans l'intérêt de la défense*, seront en bois et en fer de manière à pouvoir être démolies facilement et rapidement. Il n'y aura ainsi aucun inconvénient pour la défense à bâtir toutes les halles figurées au projet. Ces halles seront élevées sur le terrain à partir de l'arsenal, en longeant le nouveau quai, jusqu'au bastion Saint-Bernard qui touche à la manutention.

Pour aboutir à cette véritable gare maritime il faut de toute nécessité que la Compagnie prenne, non pas l'arsenal, comme elle le demandait jadis, mais un quart environ de celui-ci. La voie principale de la nouvelle gare coupera donc le bâtiment de l'arsenal qui longe le chemin du Boucau, en laissant quatre-vingt-dix mètres à l'amont (côté de Bordeaux), traversera à niveau le chemin, et formera, en entrant dans l'arsenal, la patte d'oie indispensable pour donner accès aux voies des halles et assurer ainsi la rapidité et la sécurité pour les chargements et les déchargements. Toutes les gares par ce moyen communiqueront entr'elles. La plus grande partie de l'arsenal, et notamment toute la partie longeant l'Adour, restera à la marine. La Compagnie remplacera les bâtiments incorporés au chemin de fer par des constructions d'une valeur égale et établies sur le terrain restant à l'arsenal. En mettant l'arsenal en communication avec le chemin de fer au moyen d'une voie indiquée au plan d'ensemble, la marine ne paiera aucune redevance pour la construction et l'usage de cet embranchement. La Compagnie procurera donc à la marine un avantage équivalent à la diminution de la redevance actuelle produite par l'arsenal. La partie cédée à la compagnie (le quart environ) le sera à titre *de bail seulement et pourra être reprise dès que la marine l'exigera.*

Ce projet si sensé, si conforme à nos besoins, le seul praticable de l'avis de tous, — la Chambre exceptée — rencontra deux oppositions plus spécieuses que sérieuses. Elles devaient naturellement émaner du génie militaire. Le fameux bastion Saint-Bernard, que l'on a dû fortemen tétayer pour lui ôter l'envie de se jeter dans le fleuve (spirituel bastion !), ne doit être masqué à aucun prix, afin qu'il puisse se livrer, le cas échéant *à ses feux d'enfilade très importants !* Ensuite, ce cher bastion possède un *haha* microscopique et puant d'une utilité immense, paraît-il, pour la défense de la place. Le combler, ce serait livrer le corps de garde de la porte à des échelles de quatre mètres, et alors.... vous voyez d'ici les terribles conséquences ! Mais heureusement qu'un génie bienfaisant veille sur nous ; le joli petit *haha* sera conservé, et la difficulté sera vaincue au moyen d'un pont métallique.

Les halles inquiétaient bien encore un peu M. le chef du génie ; cependant, après un examen rigoureux, il consent à les laisser construire en avant du bastion Saint-Bernard, sans le masquer, bien entendu, parce que cette construction, faite dans de certaines conditions, servira de caponnière *contre les coups de feu de la rive gauche* aux défenseurs qui se rendront à la pièce noyée.

Puis vient la marine qui, après avoir débattu ses petits intérêts avec la Compagnie, la trouve raisonnable, et, raisonnable comme elle, conclut en ces termes :

« Notre avis est que la gare des marchandises de Bayonne a besoin d'être agrandie ; *qu'elle ne peut l'être que par le prolongement de ses voies ferrées sur le terrain appartenant à la marine* ; que les conditions proposées par la Compagnie pour dédommager la marine de son empiétement *sont acceptables*. »

M. STŒCKLIN, qui a longuement étudié le projet et en a vérifié les moyens d'exécution avec cette sûreté de vues que donnent le talent et l'expérience, l'adopte sans modification.

M. BOURA ne voit aucun inconvénient à ce que la Compagnie prolonge la voie du quai jusqu'au mur de retour du pont de l'Adour, à la seule condition que la pénétration des poutres métalliques dans le massif de ces murs sera encadrée de pierres de taille, etc., etc.

Nous arrivons à l'avis le plus intéressant pour nous, celui de M. FURTADO, qui se trouve en même temps maire de la ville de Bayonne et vice-président de la Chambre de commerce. Il n'a pas été appelé en cette dernière qualité, c'est vrai, mais cela n'empêche pas son opinion d'être d'un poids considérable dans la question.

M. FURTADO, faisant fonctions de maire, s'exprime ainsi, en ce qui concerne l'intérêt général de la population :

« Le projet actuel, laissant la plus grande partie

de l'arsenal maritime aux besoins de la construction navale, ne lui paraît pas présenter d'inconvénient, et si son exécution doit avoir pour effet, comme l'indique M. l'ingénieur du contrôle dans son avis, de concentrer les opérations de la Compagnie sur le quai Saint-Bernard et de rendre au commerce la libre disposition du quai de la manutention, il créera un état de choses plus favorable que l'état actuel aux intérêts que le maire représente.

« Le Maire, espérant que la construction navale reprendra un jour son ancienne activité, demande que la partie de l'arsenal qui se rapproche du fleuve ne soit pas donnée en location à la Compagnie du Midi. »

Voilà donc tous les intéressés d'accord, et nous allons enfin sortir de ce fatal provisoire. Hélas! non, car la Chambre de commerce, froissée dans un isolement, va opposer à ce projet une nouvelle force d'inertie.

Dans une des séances de la Chambre, son vice-président, M. Furtado, annonce à ses collègues qu'en sa qualité de chef de l'administration municipale de Bayonne, il a été invité à prendre part à la conférence dont il est question plus haut. Il est étonné de n'y avoir pas vu figurer M. le Président, mais il s'est abstenu de toute observation à cet égard, ne connaissant ni l'origine, ni les pouvoirs de la commission; et *présumant* qu'elle n'avait d'autre mission que de faire une étude préparatoire de la question.

M. Furtado relate ce qu'il a dit à cette conférence.

La Chambre remercie son vice-président des détails dans lesquels il a bien voulu entrer, ainsi que des objections intelligentes qu'il a présentées, *mais réserve son opinion sur la demande de la Compagnie du chemin de fer du Midi jusqu'au moment, qu'il lui est permis de prévoir, où elle en sera officiellement saisie.*

Ainsi, un projet a été adopté après les études les plus longues et les plus laborieuses; des hommes pratiques ont unanimement reconnu que ce projet était le *seul praticable*, le *seul* qui puisse donner *satisfaction à tous les intérêts*; le vice-président de la Chambre de commerce l'a approuvé et signé; et alors que du concours de tous dépend peut-être la solution tant désirée, tant recherchée, la Chambre *réserve son opinion et se tait!*

Montesquieu avait donc bien raison d'écrire que « les grands corps s'attachent toujours « si fort *aux minuties, aux vains usages,* que « l'essentiel ne va jamais qu'après. »

Nous sommes pénétrés du plus grand respect pour les membres de cet honorable aréopage; mais notre conscience nous impose l'obligation de leur dire que tout en protestant contre un procédé qui pouvait manquer d'atticisme, un devoir grave s'imposait à eux. Ils avaient sous les yeux le projet adopté, les plans et toutes les pièces à l'appui, ils pouvaient et devaient l'étudier sérieusement, le repousser s'ils le jugeaient préjudiciable à nos intérêts, l'appuyer énergiquement au contraire s'ils le croyaient favorable. La Chambre, en se montrant plus exigeante que la marine elle-même au sujet de l'arsenal, et en se renfermant dans une fatale neutralité, a déserté nos intérêts pour ne s'attacher *qu'à ces minuties et à ces vains usages* dont parle Montesquieu.

Cela ressort évidemment, incontestablement, des faits que nous venons d'exposer après les avoir puisés avec la plus scrupuleuse attention dans les documents officiels.

Cela ressortira bien plus éloquemment encore des documents qui vont suivre et qui convaincront, je l'espère, les esprits enclins à s'effrayer de la juste sévérité de nos appréciations.

Bien à son insu, nous en avons la ferme conviction, la Chambre de commerce seconde admirablement, par ses hésitations, les vues secrètes de la Compagnie du Midi de se perpétuer dans le provisoire et de garder son argent pour ses actionnaires.

Aussi la voyons-nous s'endormir sur son projet adopté le 15 janvier 1870 et ne se réveiller qu'au bruit du canon qui annonce nos affreux désastres. Mais il était trop tard; déjà le département de la guerre a mis un pied dans l'arsenal maritime, et il en est de cette administration comme d'une célèbre corporation :

« Laissez-lui mettre un pied chez vous, elle en aura bientôt mis quatre. »

Plus que jamais nos intérêts périclitent. Un adversaire redoutable vient d'entrer en lice. Nous sommes sérieusement menacés du coup de grâce. La Compagnie du Midi, éconduite par les départements de la marine et de la guerre, voit tous ses beaux projets annihilés, et, pour sortir de l'impasse ou elle est acculée par son apathie et par ses puissants compétiteurs, elle crie au secours et fait mine de battre en retraite vers le Boucau.

C'est le moment de rassembler toutes nos forces et de les diriger vigoureusement sur l'arsenal assiégé; d'en disputer la partie qui nous est indispensable avec la résolution du désespoir. Le salut est là, chacun le sent, chacun le dit. La Chambre de commerce s'en émeut; elle prend les devants. Elle se place résolûment à l'avant-garde....... Savez-vous pourquoi? *Pour venir en aide au départe-ment de la guerre!...*

Vous l'avez vue, hier, défendant à ou-trance cet arsenal afin de le garder pour les constructions navales *si précieuses* disait-elle *pour notre pays.* Vous l'avez vue sacrifier nos plus chers intérêts à cette conservation d'une utilité incontestable pour la marine militaire et marchande *à ce qu'elle prétendait?*

Eh bien, aujourd'hui, elle fait volte-face; ce cher arsenal de son cœur n'est plus qu'un embarras, qu'une superfluité pour la marine et pour les constructeurs, et, sans hésiter, elle jette l'objet de ses premières amours dans les bras du ministre de la guerre dans l'espoir d'obtenir *un grand éta-blissement militaire!...*

Vous vous récriez, chers lecteurs, et vous doutez?

C'est à ne pas le croire en effet, mais lisez donc attentivement la lettre suivante et veuillez en peser les termes :

« Bayonne, le 13 décembre 1871.

« La Chambre de commerce à Monsieur le Ministre des travaux publics, à Versailles :

« Monsieur le Ministre ,

» La Compagnie du chemin de fer du Midi ne

possède dans notre ville qu'une gare tout à fait insuffisante, et cela parce que depuis le premier moment, elle s'est bercée de l'espoir de l'étendre à peu de frais en obtenant *la concession de l'arsenal maritime.*

« C'est en vain, jusqu'ici, qu'elle a sollicité du département dela marine cette concession qui semble devoir lui être disputée maintenant par le département de la guerre en vue d'un grand établissement militaire *qui serait d'un intérêt majeur pour notre ville.*

« Serait-il vrai que la Compagnie n'ait pour développer sa gare que la ressource de cet arsenal maritime *depuis si longtemps convoité ?* Ce serait une erreur de le croire car elle peut fort bien lui donner l'étendue et les ressources nécessaires en se résignant à faire dans notre ville les sacrifices pécuniaires qu'elle fait partout ailleurs. Il y a en effet entre la gare et l'Adour (nous y voilà !) de vastes terrains, des places, des maisons, un chantier de bois (pourquoi fait-on semblant d'oublier l'église ?) qu'elle ne paierait certainement pas plus cher que ce qu'elle a acheté dans bien des villes d'une importance équivalente à celle de Bayonne. Tenez pour certain qu'elle s'y serait décidée depuis longtemps sans cette décevante espérance dont nous venons de parler.

« Là, les gares, les hangars seraient, *bien mieux* qu'à l'arsenal maritime, à la portée du commerce de Bayonne et de la Compagnie elle même, et l'on ne saurait trouver d'emplacement mieux approprié

à toutes les conditions *de trafic et de voyageurs.*
(Nous répétons qu'il ne s'agit que de la création
d'une gare maritime.)

« Il est temps, monsieur le Ministre, de mettre un
terme au provisoire qui a tant duré (à qui la faute?)
et d'obliger la Compagnie du Midi à ne plus lési-
ner et à faire pour la gare de Bayonne les sacrifices
pécuniaires devant lesquels elle ne recule pas ailleurs.

« Veuillez agréer, etc.

« *Signé :* Emile DÉTROYAT, APESTEGUY, LAFON,
LATRILHE, ROBY, J.-B. LAGROLET. »

En lisant cette lettre, dont nous avons in-
intentionnellement souligné quelques passa-
ges, notre surprise a été extrême et notre
étonnement profond. Si la forme en est très
habile, le fond en est déplorable, car il dissi-
mule la vérité à ce nouveau ministre qui
ignore peut-être ce qui a été arrêté, conclu
et signé le 15 janvier 1870.

Comment! vous saviez à cette date que la
Compagnie réclamait seulement le quart environ de l'arsenal à titre de bail, avec obligation de déguerpir sur première réquisition
de la marine; vous saviez que tous les chefs
de service, votre vice-président compris, re-
connaissaient *l'indispensable nécessité de cet
empiétement et l'approuvaient unanimement,*
et vous écriviez le 13 décembre 1871 à M. le

ministre des travaux publics que la Compagnie *veut la cession de l'arsenal?*

Vous avez sous les yeux le projet, le plan, le procès-verbal, tous les documents d'une étude sérieuse et approfondie ; MM. DAGUENET, STŒCKLIN, BOURA, SAUZAY vous ont déclaré qu'il n'y avait point de solution *possible* en dehors de l'empiétement du quart de l'arsenal ; le représentant de la marine vous le déclare également en termes formels, et vous dit que les conditions de la Compagnie sont *acceptable, qu'il les accepte*, et vous vous insurgez contre l'opinion unanime de ces hommes éminents, dont le talent, le caractère et l'indépendance ne sauraient être contestés par personne ! Et vous dites à M. le ministre qu'il n'est pas vrai que la Compagnie n'ait pas d'autres ressources que celle de cet arsenal, *objet de ses convoitises !*

Mais, pour tenir un pareil langage, surtout après les avis émis à la Conférence de 1869, avez-vous du moins un projet, un plan, une étude quelconque à opposer au travail sérieux et laborieux signé en 1870 ?

Si vous l'avez, pourquoi ne le produisez-vous pas ? Et si vous ne l'avez pas, comme tout porte à le croire, n'est-on pas en droit de vous dire que votre opinion est fort hasardée et très légèrement formulée ?

Continuons nos citations :

Le 19 janvier 1872, le président de la Chambre de commerce sent le besoin de chercher un appui à la lettre du 13 décembre 1871, et il écrit à M. STŒCKIN, ingénieur :

« Monsieur l'Ingénieur,

« Je viens de m'apercevoir que le dossier que vous aviez bien voulu me confier, sur le projet de l'agrandissement de la gare de Bayonne, ne vous a pas été rendu, et que l'*opinion émise sur ce projet* ne vous a pas été communiquée (nous avons vainement recherché les traces de cette opinion). Je regrette infiniment cette inadvertance, que je vous prie d'excuser.

« Incontestablement, la gare est insuffisante. Elle l'était à son origine et elle l'est bien plus encore depuis que le trafic a acquis *un certain développement.* » (Le mouvement de notre gare était, en 1863, de 100,553 tonnes, non compris les marchandises de passage.)

M. le président fait connaître à M. Stœcklin l'avis exprimé par la Chambre à M. le ministre des travaux publics, le 13 décembre dernier, et termine sa lettre ainsi :

« Nous désirons vivement que cet avis obtienne votre appui, M. l'Ingénieur, et que vous veuillez bien nous aider à sortir d'un provisoire qui n'a que trop duré.

» Agréez, etc., etc.,

Signé : « Emile DÉTROYAT. »

Nous avons trouvé, dans les archives de la Chambre de commerce mises à notre disposition avec le plus gracieux empressement, nous nous plaisons à le reconnaître, la réponse de M. l'ingénieur STŒCKLIN.

Cette réponse *officieuse*, franche et sincère, est d'une importance telle, elle jette sur le passé et sur le présent une clarté si vive, en faisant toucher du doigt où est le mal et où était le remède, que nous croyons devoir la publier tout entière.

La voici :

« Bayonne, le 6 février 1872.

« L'ingénieur des ponts et chaussées attaché au contrôle des chemins de fer du Midi

« *A monsieur le Président de la Chambre de commerce de Bayonne.*

« Monsieur le Président,

« Par la lettre que vous m'avez fait l'honneur de m'écrire, sous la date 19 janvier 1872, vous voulez bien me faire connaître que la Chambre de commerce a exprimé le désir de voir l'agrandissement de la gare des marchandises de Bayonne se faire du côté de l'église de Saint-Esprit, et vous me demandez mon aide pour faire aboutir ce projet.

« Je dois vous faire savoir, d'abord, que c'est la première fois que j'entends parler de ce projet ; que l'administration ne nous a fait connaître ni l'avis exprimé par la Chambre de commerce, ni la réponse qu'a pu y faire la principale intéressée, la

Compagnie du Midi ; et que je n'ai, dès lors, aucun avis à donner officiellement comme ingénieur du contrôle.

« Mais, après avoir étudié les plans, j'ai le regret de vous annoncer que mon opinion personnelle est tout à fait contraire à ce projet.

« Il serait trop long, et peut-être hors de propos, de développer en détail les objections qu'il soulève ; je ne ferai que les citer succinctement :

« 1° A un point de vue économique général, il me paraît toujours regrettable, surtout dans une ville aussi resserrée que l'est Bayonne, de supprimer un quartier très dense, très commerçant, pour lui donner une autre destination d'une valeur générale inférieure ;

« 2° En second lieu, sans connaître les prétentions qu'aurait la ville pour la cession de l'église et des rues et places, je suis convaincu que la Compagnie n'acquerrait jamais à moins de trois ou quatre millions l'hectare de terrain compris entre la route, le quai, la place Sainte-Ursule et la cour de la gare, ou même la rue du Doyenné, ce qui est un prix insensé, et que jamais la Compagnie ne consentira à payer ;

« 3° Le sol de la nouvelle gare devant être mis au niveau de la gare des voyageurs, il faudrait faire un remblai coûteux, d'un abord difficile, et qui produirait aux abords du pont un effet des plus disgracieux ;

« 4° L'agrandissement se trouverait fort réduit en réalité par la patte-d'oie que formeraient les voies débouchant dans la nouvelle gare, patte-d'oie qui occuperait à peu près tout l'emplacement de la gare actuelle des marchandises ;

« 5° Il deviendrait fort difficile de faire déboucher la route du Boucau à partir de la place Sainte-Ursule ;

« 6° Enfin, et surtout, on n'améliorerait en rien la situation si fâcheuse du quai de la Manutention, et l'on ne ferait rien pour créer une gare maritime, ce qui a toujours été le principal de nos soucis, et ce à quoi répondait en premier lieu le projet d'agrandissement sur une partie des terrains de l'arsenal maritime.

« Pour tous ces motifs, je ne pourrais que donner un avis défavorable au projet préconisé par la Chambre de commerce, si ce projet nous était soumis officiellement.

« Ayant cette conviction bien arrêtée, je ne puis que regretter que la Chambre de commerce, en produisant cette variante sur laquelle elle a probablement fondé son opposition au projet de la Compagnie, ait amené ou contribué à amener le rejet définitif de ce dernier projet.

« Nous avons reçu, en effet, une dépêche ministérielle du 9 décembre 1871, dont j'ai l'honneur de vous envoyer copie, et qui annonce qu'il ne sera pas donné suite au projet présenté par la Compagnie.

« Qu'adviendra-t-il de tout cela ? je ne le devine que trop ; on restera dans le *statu quo* ; on ne fera ni l'agrandissement de la gare, ni le quai Saint-Bernard qui en était la conséquence, et la Compagnie cherchera, comme le prouve un projet qui nous est soumis en ce moment, à reporter au Boucau les installations et le mouvement commercial qu'elle ne peut avoir à Bayonne. Bayonne, pour avoir voulu courir trop de lièvres à la fois, n'aura rien.

« Quant à moi, j'avoue qu'en recevant la dépêche ministérielle du 9 décembre 1871, j'ai été profondément étonné et découragé. Après tout le mal que nous nous étions donné pour arriver à un résultat, après toutes les difficultés vaincues, et quand on croyait toucher au but, aboutir à un insuccès complet, et cela parce qu'on est abandonné par les représentants de la Ville, dont on voulait défendre les vrais intérêts, cela est dur et ne vous dispose pas à tenter de nouveaux efforts.

« En recevant la dépêche du 9 décembre 1871, j'ai cru devoir écrire à M. l'Inspecteur général du contrôle une lettre dont je vous envoie ci-joint copie, afin de vous tenir au courant des phases de l'affaire et de mon opinion personnelle à son sujet. M. l'Inspecteur général a présenté de nouvelles observations dans ce sens au Ministre, mais je doute fort qu'elles aboutissent. Le Trésor est trop obéré en ce moment pour risquer une dépense sur l'utilité de laquelle on paraît si peu d'accord.

« Je viens de recevoir également, pour renseignements et avis, votre délibération du 13 décembre 1871, par laquelle vous réclamez la prompte exécution du quai Saint-Bernard. Je ne sais vraiment que répondre ! Nous aussi nous avions réclamé avec insistance le quai Saint-Bernard, et nous l'avions même porté dans notre projet de budget de 1872, bien que le projet adressé à Paris le 19 octobre 1869 ne nous soit pas revenu encore approuvé. Mais le quai Saint-Bernard est lié intimement au projet d'agrandissement de la gare de ce côté, parce que la Compagnie devait contribuer pour 25,000 francs à la dépense, et parce qu'elle possède tous les magasins longeant ce quai et le terrain même du quai, d'après la solution qui paraît avoir été admise pour celui de la Manutention. Sans cet agrandissement, le quai Saint-Bernard perd en même temps une grande partie de son utilité et une part importante de ses moyens d'exécution, et, dans ces conditions, nous ne pouvons plus insister avec la même opiniâtreté pour le faire aboutir. Dans mon rapport, je me contente de faire connaître l'exacte situation de l'affaire.

« En vous adressant cette lettre, peu encourageante, je dois ajouter que c'est seulement une opinion personnelle que j'exprime, et que celle-ci n'engage à rien le chef du service du contrôle et du service maritime.

« Veuillez agréer, monsieur le président, l'assurance de ma respectueuse considération.

« L'ingénieur des ponts et chaussées,

Signé : « STŒCKLIN. »

On a déjà vu que la Commission, dans sa séance du 20 février 1861, par l'organe de M. Daguenet, déclarait à la Chambre de commerce qu'après avoir étudié tous les projets, *le seul moyen d'obvier à tous les inconvé-*

nients serait d'obtenir du gouvernement *la cession de l'arsenal*. La Chambre prévoyait alors le moment ou cette cession *pourrait avoir un plein succès*.

En 1870, la Compagnie ne demande plus qu'un quart de cet arsenal ; tout le monde est d'accord pour le lui accorder ; il y a urgence ; les moments sont précieux ; il ne faut pas hésiter une minute ; jamais le succès n'a été aussi certain ; que la Chambre de commerce parle et tout est dit !.... Eh bien, non ! elle ne parlera pas, et, se drapant dans sa dignité blessée, elle *réservera son opinion*, et le projet, qui allait aboutir, sera enterré...

Mais, du moins, cherchera-t-elle à diminuer le mal qu'elle a fait ? Prendra-t-elle en sérieuse considération la lettre si précise, si concluante de M. Stœcklin ?... Non

Tiendra-t-elle compte de l'opinion consciencieuse et très remarquablement formulée par M. Daguenet, ingénieur en chef, dans son avis du 26 février 1872 ? Pas davantage.

Or, savez-vous ce que disait en résumé M. l'ingénieur en chef ? Le voici :

« Doit-on renoncer à agrandir la gare dans l'arsenal ? La marine, dans les conférences qui ont eu lieu, consentait à l'occupation, dans les limites déterminées, en réservant la plus grande partie des terrains, notamment tous ceux qui longent le fleuve, et n'abandonnait les autres qu'à titre de location. La Chambre de commerce de Bayonne *ne saurait être plus exigeante pour ces déterminations que la marine elle-même.* »

» Quant au service de la guerre, il n'aurait besoin de l'arsenal que dans le cas où un établissement d'artillerie se formerait à Bayonne, ce qui n'est pas encore décidé, et, dans ce cas, ce serait pour en faire un dépôt de munitions ou de matériel dont on peut trouver ailleurs l'emplacement; et si, malgré tout, ce dépôt devait se faire dans l'arsenal, *il reste assez de place* en dehors des terrains occupés par la Compagnie pour les dépôts de la guerre et pour ceux que la marine entend réserver à ses fournisseurs de bois.

« Est-il possible d'agrandir la gare *ailleurs que dans l'arsenal*, sans s'éloigner beaucoup au grand préjudice du commerce de Bayonne ? *Nous ne le pensons pas*, et c'est ce qui résulte des conférences précédentes. »

Mais, me direz-vous, après ces opinions si décisives exprimées par des hommes compétents et dévoués à nos intérêts, la Chambre s'est hâtée de reconnaître son erreur, d'éclairer M. le Ministre des travaux publics sur les conséquences funestes que pourrait avoir l'écrit du 13 décembre 1871, s'il s'avisait de le prendre au sérieux !... Détrompez-vous. La Chambre n'a pas d'erreur à reconnaître. Elle poursuit son but, envers et contre tous, avec une opiniâtreté que rien ne rebute.

Il est évident que si vous ou moi nous avions eu à écrire la lettre du 13 décembre 1871, nous aurions, au préalable, demandé les avis de MM. Daguenet et Stœcklin ; mais la Chambre de commerce les réclame un mois après avoir porté le coup fatal et, comme vous le voyez, pour n'en tenir aucun compte.

Justement alarmés des bruits qui circulent, ignorant tout, ou peu s'en faut, cinq cent soixante patentés s'adressent, par voie de pétition, à M. le Ministre des travaux publics pour lui demander de repousser tout projet de gare maritime en dehors de la ville.

Le ministre, qui n'est saisi d'aucun projet sérieux à cet égard, promet de l'examiner attentivement s'il est présenté. L'alarme augmente. Une réunion publique a lieu. Comme d'habitude, dans notre chère cité, cette réunion est peu nombreuse. Une commission est nommée (1). Elle étudie la question, exa-

------

(1) Cette commission se composait de MM. A. LAFONT, avocat, membre du Conseil général et du Conseil municipal ; J.-B. LAGROLET, membre de la Chambre de commerce et du Conseil municipal ; J.-B. CASSAIGNE, conseiller municipal ; Armand LAHIRIGOYEN, armateur-banquier ; Ch. POUZAC, H. PLANTIÉ, E. NOGUEZ, DREVET et PORTES, négociants.

mine consciencieusement tous les projets, tous les plans, tous les rapports, et elle conclut, à l'unanimité, que le seul projet réalisable qui sauvegarde tous les intérêts sans en compromettre aucun, est celui qui fût adopté le 15 janvier 1870. Elle porte humblement sa conclusion, par lettre en date du 4 mai 1872, à la connaissance de la Chambre de commerce, en la suppliant de lui accorder son puissant appui. Le président de la Chambre de commerce répond le 10 du même mois :

« Bayonne, le 10 mai 1872.

« Le président de la Chambre de commerce de Bayonne

« *A M. Ch. Pouzac*, en ville :

« Monsieur,

« Dans sa séance de ce jour, la Chambre a pris connaissance de la lettre que vous m'avez fait l'honneur de m'écrire le 4 de ce mois, au nom de la Commission chargée par la réunion publique des commerçants, qui a eu lieu le 15 avril dernier, au foyer du théâtre, d'étudier la question de l'agrandissement de notre gare de marchandises.

« Nous avons appris, avec plaisir, que toutes les investigations auxquelles s'est livrée cette commission l'ont conduite à reconnaître que la condition essentielle à obtenir, est que l'agrandissement ait lieu sur le bord du fleuve ; c'est tout à fait la conviction de la Chambre.

« La commission pense que l'exécution du projet

d'agrandissement dressé par MM. les ingénieurs du contrôle, et qui dispose d'environ un quart de l'arsenal maritime, peut seule donner satisfaction aux intérêts commerciaux. La Chambre n'est pas aussi exclusive ; elle admet que l'on puisse trouver une autre solution, car, en 1853, la Compagnie du Midi, pour donner satisfaction à tous les intérêts, ne sollicitait que ces 52 ares de l'arsenal maritime, que le Conseil municipal et la Chambre de commerce n'épargnèrent rien pour lui faire obtenir.

« Ce sont des questions à traiter mûrement dans la nouvelle conférence provoquée par l'administration des ponts et chaussées, et dans laquelle, cette fois, l'intérêt commercial sera entendu.

« En l'état, il n'y a qu'à attendre la réunion de cette conférence, qui ne saurait tarder à avoir lieu, et dans laquelle la Chambre saura défendre les intérêts Bayonnais, comme elle l'a toujours fait.

« Agréez, monsieur, l'assurance de ma considération distinguée.

Signé : « Emile Détroyat. »

Le 14, M. Pouzac réplique, au nom de la Commission :

« *A monsieur le Président de la Chambre de commerce de Bayonne :*

« Monsieur le Président,

« J'ai communiqué à la commission la lettre que vous m'avez fait l'honneur de m'écrire, sous la date du 10 de ce mois, en réponse à la mienne du 4. Elle m'a chargé de vous en accuser réception et de vous faire part en même temps de l'impression pénible que son contenu a produit dans son esprit.

« En poursuivant un but commun, il avait semblé à la commission que les efforts pour y atteindre devaient être communs aussi, et surtout immédiats, car la solution de la question qui nous occupe ne traîne que depuis trop longtemps déjà. C'est là sa profonde conviction, et, pour y obéir, elle s'est livrée, dès le premier jour, aux plus minutieuses comme aux plus sérieuses investigations, s'empressant de vous en soumettre le résultat en vous demandant franchement votre appui. Elle croyait pouvoir d'autant plus y compter que, comme vous, et ne serait-ce que pour un jour, elle représente, officieusement du moins, les mêmes intérêts, s'inspire des mêmes besoins, intérêts et besoins qu'elle met bien au-dessus de toute autre considération.

« Il est inutile, monsieur le Président, d'entrer dans l'examen des motifs que vous donnez, au nom de la Chambre, pour éconduire notre intervention ; car, à travers la forme du langage, ce n'est qu'une fin de non-recevoir pure et simple qu'elle nous oppose. Cependant, il me sera permis de vous dire qu'il est regrettable, profondément regrettable, que la perspective d'une nouvelle conférence, perspective encore lointaine, et qui peut ne point devenir une réalité, soit un obstacle à une intervention commune, dont le but serait l'exécution d'un projet seul favorable à nos intérêts, et qui, s'il avait vos sympathies en 1853, ne peut les avoir perdues aujourd'hui par cela seul qu'il embrasse un espace un peu plus étendu dans un terrain qui, du reste, appartient à l'État.

« Quoiqu'il en soit, si le commerce nous continue la confiance dont il nous a honorés, nous poursuivrons courageusement, et seuls s'il le faut, l'accomplissement de notre tache, laissant à chacun la part de responsabilité qui lui incombe.

« Daignez agréer, monsieur le Président, la nouvelle assurance de mes sentiments les plus distingués.

Signé : « CH. POUZAC. »

En définitive, et comme toujours du reste, depuis 1853, la Chambre de commerce reste seule..... avec son projet imaginaire, reconnu impraticable par tous les hommes du métier.

Donc, nous sommes autorisés, en finissant, à dire avec M. Stœcklin :

« Après tout le mal que nous nous étions donné pour arriver à un résultat, après toutes les difficultés vaincues, et quant on croyait toucher au but, aboutir à un insuccès complet et cela PARCE QUE L'ON EST ABANDONNÉ PAR LES REPRÉSENTANTS DE LA VILLE DONT ON VOULAIT DÉFENDRE LES VRAIS INTÉRÊTS, cela est dur !..... »

Mais nous ajoutons que cela nous oblige à tenter, avec ou sans la Chambre de commerce, de nouveaux efforts, à engager vivement, résolument la lutte, à pétitionner en masse, à porter nos doléances en haut lieu, à intéresser nos députés à nos griefs comme à nos besoins, à réclamer leur actif et puissant concours, et à n'avoir ni trêve ni repos jusqu'à ce que cette question de vie ou de mort pour nos intérêts soit enfin résolue.

En terminant ce travail, nous croyons devoir l'accompagner de conclusions qui ne seront pas du goût de tout le monde, mais qui nous paraissent offrir un intérêt majeur pour notre localité. Nous les résumons ainsi :

Attendu que tous les hommes compétents reconnaissent que l'arsenal maritime ne saurait être désormais d'aucune utilité pour les constructions navales, ni de l'État, ni du commerce ;

Attendu que les ressources qu'il pourrait offrir, d'après la Chambre, au département de la guerre, sont fort contestables, surtout en présence du grand intérêt commercial qui les domine ;

Il y a lieu de demander au gouvernement la cession de l'arsenal tout entier à la Compagnie du Midi, à la condition *sine qua non*, d'obtenir d'elle l'engagement préalable *et formel :*

1º De faire construire dans ledit arsenal un vaste magasin spécial de dépôt dans lequel le commerce pourra, sans rémunération, et pendant un temps moral, déposer ses marchandises;

2° De ne plus tenir la ville de Bayonne à l'index, et de la laisser jouir, à l'avenir, de toutes les immunités du tarif international; de la traiter comme la ville la plus favorisée, et de permettre que ses exportations, comme ses importations, profitent du tarif commun, ainsi que le veulent le droit, la raison et l'équité.

Enfin, et subsidiairement, de soutenir, par tous les moyens praticables, l'adoption du projet arrêté d'accord dans la Conférence du 15 janvier 1870, projet qui donne satisfaction à tous les intérêts, quoiqu'en puisse dire la Chambre de commerce.

Bayonne, le 15 mai 1872.

POST-SCRIPTUM.

Dans une réunion publique assez nombreuse, et qui eût lieu au foyer du théâtre le 21 mai dernier, j'eus l'honneur de donner lecture du mémoire qui précède et dont la teneur et les conclusions furent très favorablement accueillies par les membres de l'assemblée.

A la suite de la proposition qui fût faite de

livrer ce mémoire à l'impression, je déclarai vouloir me charger de ce soin, et si je ne l'ai point fait immédiatement c'est que j'ai tenu à compléter mon travail et à éclaircir quelques faits dont l'importance n'échappera à personne.

Je veux parler surtout de la lettre adressée par la Chambre de commerce le 13 décembre 1871 à M. le ministre des travaux publics et dans laquelle la Compagnie du Midi est accusée de rechercher *à peu de frais* LA CONCESSION DE L'ARSENAL MARITIME, *objet de ses convoitises !*

On a trouvé que nos commentaires à cet égard étaient un peu raides ; qu'en présence d'une affirmation formelle faite à un ministre français par un corps aussi haut placé qu'une Chambre de commerce, le doute, l'hésitation étaient presque un outrage ; qu'il était impossible d'admettre que l'on eût voulu surprendre la religion du ministre, et que dès lors il paraissait évident que, depuis le 15 janvier 1870, la Compagnie du Midi avait nonseulement convoité, mais demandé l'arsenal tout entier.

Quoique convaincu du contraire, mais voulant en avoir le cœur net, nous avons fait des recherches dont le résultat a été d'établir :

Qu'il est absolument faux que la Compagnie

du Midi ait demandé autre chose que l'exécution du projet adopté dans la conférence du
15 janvier 1870 ;

Que la dite Compagnie ne saurait accepter
les conclusions de mon mémoire, dont les
prétentions sont exhorbitantes.

Ce qui prouve, jusqu'à la dernière évi-
dence, que la Compagnie n'a pas besoin de
tout l'arsenal, et que nos *prétentions* pour le
lui faire obtenir étaient surtout avantageuses
pour notre commerce. — Il nous suffit de le
signaler en laissant au public le soin d'ap-
précier ce point important du débat.

Cette malheureuse création de notre gare
maritime, paraissant devoir entrer dans une
nouvelle phase et se compliquer d'études et
d'interventions nouvelles, peu propres à en
accélerer la solution, nous croyons opportun
de publier encore quelques documents qui
serviront peut-être à élucider ce qui tant
nous préocupe.

Citons d'abord la lettre que M. le ministre
des travaux publics adressée à M. le préfet
des Basses-Pyrénées et qui mit le feu aux
étoupes :

« Versailles, 9 décembre 1871.

« Monsieur le Préfet,

« Vous avez soumis à mon approbation un avant-
projet dressé par Mrs les ingénieurs de la Compagnie,

du Midi, pour un agrandissement de la gare des marchandises de Bayonne à opérer sur des terrains dépendant de l'arsenal maritime de cette ville.

« Depuis cette communication, M. le ministre de la guerre a été autorisé à occuper provisoirement pour le service de l'artillerie ceux des terrains et bâtiments de l'arsenal maritime de Bayonne dont la Compagnie désirerait obtenir la cession pour l'agrandissement de la gare, et j'ai été informé par une lettre de M. le général de Cissey, du 7 novembre dernier qu'il avait l'intention de revendiquer ultérieurement l'affectation définitive au départetement de la guerre des terrains et bâtiments en question, dès que le département de la marine, qui quant à présent n'entend pas s'en dessaisir, croirait devoir revenir sur sa détermination.

« Dans cette situation, en présence des intentions exprimées par M. le Ministre de la marine, je viens d'écrire à la Compagnie pour lui faire connaître qu'il ne me paraissait pas possible de donner suite *au projet qu'elle avait présenté* et l'inviter à faire étudier, par des ingénieurs, une nouvelle combinaison pour l'extension du service des marchandises de la gare de Bayonne.

« Recevez, etc., etc.,

« *Le ministre des travaux publics,*
« Pour le ministre et par autorisation :

« *Le directeur général des ponts et chaussées et du chemin de fer,*

Signé : « E. FRANQUEVILLE. »

Ici, nous croyons devoir, pour la seconde

fois, signaler une erreur dont, par distraction sans aucun doute, on n'a pas tenu compte.

Nous lisons dans le rapport adressé par M. Charles Pouzac à la Chambre de commerce :

« Deux projets seulement ont été mis en avant jusqu'à ce jour ; l'un, mort-né, émanant de la Compagnie du Midi, *et l'autre émanant du contrôle, auquel toutes les opinions se sont ralliées.* »

Et M. le président de la Chambre de commerce s'empresse de répliquer :

« La Commission pense que l'exécution du projet d'agrandissement *dressé par MM. les ingénieurs du contrôle* et qui dispose d'environ un quart de l'arsenal, etc. »

Cette erreur matérielle, qui saute aux yeux et qui semble arriver là tout exprès pour justifier l'incroyable lettre du 13 décembre 1871, mérite d'être publiquement rectifiée.

Aucun projet n'a jamais émané et ne pouvait émaner de MM. les ingénieurs du *contrôle*, par la raison aussi simple que décisive qu'on ne peut pas se contrôler soi-même.

Par conséquent M. STOECKLIN, ingénieur chargé *du contrôle du Chemin de fer du Midi*, n'a pas présenté et ne pouvait pas présenter de projet ; comme je l'ai déjà dit, ce soin incombait naturellement à M. Harlé, ingénieur en chef de la Compagnie du Midi.

Du reste, ces messieurs n'ont qu'à relire le procès-verbal, qu'ils ont eu assez long-temps en leur pouvoir, pour s'en convaincre. Ils y verront :

1° Que M. Harlé présente un projet comprenant le plan d'ensemble, les profits et le plan terrier ;

2° Que M. Stœckin présente à son tour, comme CONTROLEUR, *ses observations*, et conclut en ces termes :

« En conséquence, M. Stœcklin est d'avis, au nom *du service de contrôle et du service maritime* d'adopter *sans modification* LE PROJET PRÉSENTÉ PAR LA COMPAGNIE DU MIDI. »

Donc, c'est à tort que l'on a appelé ce travail *Projet Stoecklin*, et il nous a paru très essentiel de rétablir sur ce point la vé-rité, ne serait-ce que pour affirmer une fois de plus que la Compagnie ne demande et n'a demandé que le quart environ de l'arsenal maritime.

A la suite de la lettre du 9 décembre 1871, dont il a reçu communication par son inspecteur général, M. Stœcklin lui adresse l'écrit suivant, que nous puisons encore dans les archives de la Chambre de commerce, toujours exactement renseignée :

« Bayonne, le 27 décembre 1871.
« *A M. Jaquemet, inspecteur général chargé du contrôle :*

« Monsieur l'inspecteur général,

« En vous renvoyant les pièces que vous m'avez communiquées avec la copie de la décision ministérielle du 9 décembre 1871, je dois vous exprimer le profond regret que j'éprouve de cette décision, et vous faire remarquer le démenti qu'elle donne aux efforts que nous faisons de notre côté pour empêcher le retour de la crise actuelle des chemins de fer.

« Il y a, à Bayonne, un fait que tout le monde peut constater, c'est que la gare actuelle est tout à fait insuffisante, et tout le monde reconnaît aussi, qu'il est fort difficile, *si ce n'est même absolument impossible*, d'obtenir, dans des conditions acceptables pour le commerce, un agrandissement de la gare des marchandises ailleurs que sur une portion de l'arsenal maritime. Si la Compagnie doit souffrir de la décision du 9 décembre, je crois que le commerce en souffrira plus encore, et je crois qu'il est de notre devoir d'insister de nouveau, et d'éclairer le ministre sur la vraie situation.

« Je pensais même que tout s'arrangerait pour le mieux, lorsque j'ai su, il y a quelques jours, par le commandant du génie, que l'artillerie ne réclamait l'arsenal maritime que comme annexe à l'arsenal d'artillerie et non pour y installer une caserne, et que dans sa pensée les quatre hectares restant libres après prélèvement de la portion nécessaire au chemin de fer suffiraient à l'artillerie. Ce nouvel arsenal, placé à proximité de la gare et desservi directement par la voie de fer, se trouverait ainsi dans d'excellentes conditions.

« Je crois encore que la meilleure, si ce n'est la seule condition suceptible de satisfaire tous les intérêts, serait de donner à la Compagnie du chemin de fer la partie de l'arsenal maritime dont elle a besoin, de mettre à la disposition de l'artillerie le restant, soit les trois quarts, ou environ quatre hectares, de faire construire de suite sur cette portion, aux frais de la Compagnie, qui s'y est engagée, l'équivalent des bâtiments de l'arsenal qui lui sont cédés, et de reporter les installations de la marine, si celle-ci croit devoir remplacer son arsenal, sur les terrains ou marais de Blancpignon, d'une contenance de plus de dix hectares, situés à moins de deux kilomètres de Bayonne, faciles à remblayer, parfaitement garantis du côté de la mer par une dune très élevée, et longés sur près de cinq cents mètres par les plus grandes profondeurs de l'Adour.

« Je pense qu'il serait utile et urgent de provoquer auprès des ministres de la guerre, de la marine et des travaux publics, une étude dans ce sens ou au moins une conférence sérieuse.

« Quoiqu'il en soit, la décision du 9 décembre me met, comme ingénieur au service maritime, dans une position assez délicate, car, non-seulement elle entraine avec elle l'ajournement indéfini du quai Saint-Bernard, que le commerce de Bayonne réclame avec tant d'insistance, mais encore elle va m'obliger à mettre un terme à la tolérance quelquefois excessive que nous montrions envers la Compagnie, dans la façon dont nous la laissions user du quai de la Manutention.

« Ce quai était, par le fait, devenu une sorte d'annexe ou de succursale de la gare ; mais cette tolérance, dont je croyais pouvoir prendre la responsabilité tant qu'elle pouvait être regardée comme mesure provisoire en vue de la construction prochaine du quai Saint-Bernard et de l'agrandisse-de la gare, ne pourrait plus être admise si la mesure devait sembler définitive par l'impossibilité ou va se trouver la Compagnie d'étendre sa gare.

« Je suis, etc.   *Signé :* « STŒCKLIN,
« *Ingénieur.* »

Pour copie conforme, à M. le président de la Chambre de commerce,

Signé : « STŒCKLIN. »

Un pur *hasard* fit connaître à quelques personnes le contenu des lettres des 9 et 27 décembre 1871 que nous venons de transcrire. Ces personnes s'en émurent vivement, et cette émotion gagna bientôt cinq cent soixante patentés qui adressèrent directement à M. le Ministre des travaux publics une protestation contre les projets prêtés à la Compagnie du Midi de porter sa gare vers le Boucau.

M. le Ministre répondit de Versailles, le 24 avril suivant :

« *Messieurs Lahirigoyen et consorts*, à Bayonne :

« Messieurs,

« Le 21 mars dernier, vous m'avez fait l'honneur de m'adresser une protestation du commerce de Bayonne contre des démarches qui seraient faites par la Compagnie des chemins de fer du Midi pour obtenir l'autorisation de transférer à Amade la majeure partie du service des marchandises de la gare de Bayonne.

« Je n'ai encore reçu, messieurs, de la Compagnie, aucune proposition à ce sujet. Vous pouvez d'ailleurs être assurés, que si la question vient à être posée, j'examinerai avec la plus sérieuse attention les observations que vous avez présentées.

« Recevez, messieurs, l'assurance de ma considération.

« *Le ministre des travaux publics,*
Signé : « DE LARCY. »

Nous avons prouvé, par des documents authentiques, que, depuis six mois, l'épée de Damoclès était suspendue sur les intérêts de notre cité. Qu'ont fait pendant ce laps de temps nos corps constitués pour éloigner le danger dont nous étions si sérieusement menacés? Rien, absolument rien !

Le danger pour eux était sans doute imaginaire.

Cependant, il nous arrive de Paris copie d'un document qui semble indiquer, qu'à la date du 1er de ce mois seulement, M. le maire de Bayonne s'est préoccupé de l'étrange situation qui nous était faite. Faut-il dire : vaut mieux tard que jamais! Qu'on en juge?

« Bayonne, le 1er juin 1872.

« Monsieur le Ministre,

« Le Conseil municipal de Bayonne a été informé que la Compagnie du Midi, mise par vous en demeure de présenter un nouveau projet d'agrandissement de la gare de cette ville, par suite du rejet de ses propositions relatives à la concession d'une partie de l'Arsenal maritime, demande actuellement l'autorisation de porter sa gare définitive, soit au Boucau, soit en aval de la fortification appelée *pièce noyée*, c'est-à-dire à deux kilomètres de la ville.

« Ces nouvelles propositions constituant aux yeux du Conseil municipal une menace de la plus haute gravité contre tous les intérêts de la ville, le Conseil m'a chargé d'informer, d'urgence, Votre Excellence qu'il les repousse énergiquement.

« Convaincu d'ailleurs, monsieur le Ministre, qu'il n'est pas impossible, comme la Compagnie du Midi le prétend, d'opérer cet agrandissement en amont de l'arsenal maritime, il a chargé une commission de préparer promptement, pour le soumettre à Votre Excellence, un projet qui lui paraît plus conforme à la fois et aux intérêts qu'il représente et aux obligations de la Compagnie.

« J'ai l'honneur de prier Votre Excellence, monsieur le Ministre, de vouloir bien ajourner toute décision jusqu'à ce que je puisse vous faire connaître les idées et les vœux des représentants de la ville de Bayonne.

« Veuillez agréer, monsieur le Ministre, l'expression de ma considération très respectueuse et très distinguée.
                                        « Le maire,
                Signé : « Jules Châteauneuf. »

Cette lettre est curieuse sous plus d'un rapport. Et d'abord, comment se fait-il que M. le maire de la ville de Bayonne n'ait appris que le 1er juin 1872 ce que toute la ville savait depuis six mois ? Mais ce qu'il y a de plus sérieux, c'est ce que M. Jules Châteauneuf annonce à *Son Excellence*, qu'il fait PRÉPARER *un projet* qui est plus conforme à la fois et aux intérêts qu'il représente et aux obligations de la Compagnie.

Voilà la Chambre de commerce distancée ! Elle aussi a un projet qu'elle carresse depuis dix-neuf ans, mais qu'elle n'a jamais voulu *préparer*, et pour cause.

La municipalité Bayonnaise, qui avait adopté, on s'en souvient, celui du 15 janvier 1870 et qui s'était endormie avec tout le monde depuis cette époque, se réveille en sursaut pour en présenter un qui doit, dit-on, enterrer tous les autres.... Hélas! j'ai grand peur que nos intérêts ne descendent aussi dans la tombe.

Avouons que notre bonne ville de Bayonne offre, depuis 19 ans, un triste et bien étrange spectacle!... Lisez attentivement ce qui s'est produit depuis l'origine de cette interminable lutte, et vous serez confondu en voyant que, à propos d'une *gare teminale* et d'une *gare maritime*, affaire toute d'intérêt local, jamais la municipalité n'a pu marcher d'accord avec la Chambre de commerce, ni s'entendre avec elle pour en finir!...

Les commerçants, en présence d'une apathie et d'une indifférence que nous avons signalées et qu'on a peine à s'expliquer, ont voulu agir à leur tour directement, et ils ont fait connaître publiquement leurs vœux et leur opinion. Oh! alors, les deux corps constitués se sont réveillés et sont entrés en lice, chacun armé d'un plan.

Nous allons donc en avoir trois..... quand nous serons à dix nous ferons une croix. En attendant, on se dit en haut lieu que nous sommes absurdes, que nous ne savons pas nous entendre, que des questions d'amour-propre nous divisent sans cesse, et qu'il est difficile, sinon impossible, à un ministre de prendre une résolution quelconque en présence d'un désaccord complet des parties intéressées.

CONCLUSION.

La solution sera renvoyée aux calendes grecques. Ce sera là le résultat final de nos luttes, de nos hésitations, de nos entêtements et de nos tergiversations.

Nous avons déjà établi que tous les hommes éminents appelés à étudier sérieusement la question qui nous divise, se sont tous ralliés au projet du 15 janvier. Nous sommes heureux d'y ajouter notre préfet, dont le zèle et la vive sollicitude pour nos intérêts nous sont bien connus. Dans un trop court entretien que j'eus l'honneur d'avoir à Pau avec ce magistrat, je reconnus que rien n'avait échappé à son esprit vif et pénétrant, et qu'il connaissait nos besoins comme nous-mêmes. Je me proposais d'appeler l'attention de ce haut fonctionnaire sur quelques documents importants, lorsqu'une circonstance indépendante de ma volonté me força de quitter Pau subitement. Le lendemain, M. le préfet eût la bonté de m'adresser la lettre suivante :

« Pau, le 12 mai 1872.

« Monsieur,

« J'ai vivement regretté de ne pas vous avoir vu ce matin, ainsi que vous me l'aviez fait espérer.

J'aurais voulu causer avec vous ; vous dire combien je suis toujours à votre disposition pour les intérêts de votre ville qui me sont particulièrement chers, et vous répéter que, si pendant mon séjour à Paris, vous voyez jour à ce que je fasse quelque chose, je le ferai très volontiers. Quant à la question de la gare, je crois qu'on ne peut la placer que dans les terrains de l'arsenal, et qu'il convient à tous les intéressés de s'occuper activement de cette question pour obtenir des deux administrations de la guerre et de la marine de revenir sur leur décision. Telle est mon opinion ; mais si la ville et le commerce de Bayonne jugent une autre solution plus avantageuse, je me mets entièrement à leur disposition pour les soutenir, puisque mon seul désir est de défendre la solution la plus utile à vos intérêts à tous.

« Je recevrai avec intérêt vos lettres qui auront trait à cette question.

« Veuillez recevoir, monsieur, l'assurance de mes sentiments très distingués.

Signé : « de NADAILLAC. »

Le désaccord n'ayant fait que croître et... enlaidir, je n'ai pu rien écrire d'intéressant à M. le préfet, et j'en suis d'autant plus désolé que sa bienveillante bonté m'encourageait à tenter un effort suprême, devant lequel j'ai reculé, ayant la conscience de ma faiblesse et de mon impuissance.

Je ne suis, en effet, dans cette grosse affaire, que la mouche du coche, et je n'ose même pas me flatter que mon bourdonnement arrive aux oreilles des puissants.

Cependant essayons :

Monsieur le préfet, je vous en conjure, venez à notre aide ; faites une enquête, présidez-la, dirigez-la. Appelez autour de vous les intéressés, toutes les lumières, surtout les hommes compétents. Seul, vous pouvez faire ce miracle de nous mettre tous d'accord, et, l'accord étant fait sous votre haut patronage, le succès est assuré.

Messieurs les membres de la Chambre de commerce de Bayonne, vous êtes tous des hommes fort honorables, très intelligents et sincèrement dévoués aux intérêts bayonnais, nul ne saurait en douter.

Depuis bientôt vingt ans vous luttez seuls contre tous, et vous avez le singulier pouvoir de tout enrayer, de tout ajourner.

Les études les plus sérieuses et les plus laborieuses, faites ou approuvées par des hommes capables comme MM. Daguenet, Stœcklin, de Saint-Amand, Sauzay, Boura, Harlé, Furtado, sont venues échouer contre votre omnipotence !...

Vous voyez aujourd'hui où tout cela nous a

conduits. Nous sommes malades, bien malades !... Je ne sais si vous avez en vos mains la panacée universelle qui doit nous sauver ; mais ce dont je suis certain, c'est que vous avez la puissance de conjurer le désastre qui nous menace. Oublions donc nos dissentiments, et les fautes, et les erreurs du passé. Que votre dignité blessée ne soit plus un obstacle au succès qui dépend positivement de votre sage détermination. Forts de l'appui de tous vos concitoyens, marchez d'un pas ferme et résolu vers la seule solution pratique qui donne satisfaction à tous les intérêts !

Sans perdre un instant, une minute, sans attendre des conférences superflues qui dissimulent mal un nouvel atermoiement, demandez énergiquement, avec tous les hommes éminents que nous venons de nommer, l'exécution pure et simple du projet arrêté et signé par eux le 15 janvier 1870.

Soyez convaincus que le danger que nous redoutons sera éloigné de nous à tout jamais, et vous aurez eu ainsi le rare mérite, en triomphant, de remporter une victoire sur vous-mêmes.

Quant à nous, personnellement désintéressé dans la question, n'étant véritablement préoccupé que de l'intérêt public, nous avons la conscience d'avoir rempli un péni-

ble devoir, sans faiblesse comme sans pas-
sion.

Et, quoi qu'on en puisse dire ou penser,
nous resterons toujours fidèle à cette vieille
et sage devise :

« Fais ce que dois, advienne que pourra. »

J. PORTES, *négociant.*

Au moment de mettre sous presse, nous
recevons, de la direction générale du chemin
de fer du Midi, la dépêche suivante :

« Paris, 10 juin 1872.

« Monsieur J. Portes, à Bayonne :

« Depuis 1870, la Compagnie n'a présenté aucun
projet nouveau, ni demandé tout l'arsenal.

Signé : « MATHIEU. »

Tout commentaire serait superflu.

J. P.

Bayonne. — Imprimerie P. CAZALS, rue Boufflers.